パン1枚で毎日ごちそう！

パン🍞イチ
RECIPE

もちこ

はじめに

この本を手に取ってくれてありがとうございます。

まず気になるのが"パンイチ"というワードだと思いますが、
これは"パン1枚のレシピ集"という意味の造語です。
お調子者の夫と一緒におもしろいよね！　という感じで
命名したのですが、たまに"パンイチのもちこさん"と紹
介されると少しドキドキします！(笑)

イラストレーターのレシピ本という形で初めての書籍出
版となりますが、実は私は3年前まで、料理が得意では
なく、イラストレーターでもありませんでした。

ある時ちょっとしたきっかけでパン作りにハマり、「手作
りパンをもっとかわいくプロデュースしたい」と思ったこ
とから、昔飼っていた犬のハナちゃんに似た犬のキャ
ラと、ほんのり夫に似ているシロクマのキャラを添えて
Instagramに投稿をはじめたのが最初の一歩です。

それからいろいろなジャンルの料理本を毎日10〜30冊読み、実際にたくさん料理もしました。とにかく時間（と胃袋）を捧げて、膨大なボツレシピを生みながらも、おいしくて見た目もきれいで、投稿を見てくれた人も作ってみたくなる料理を目指しました。

一見意外に思われる組み合わせもあるかもしれませんが、どれも何回も試作をくり返して完成したレシピなので、きっとおいしく食べていただけると思います。レシピ毎におすすめのパンの種類も紹介していますので、ぜひ参考にしてみてください。

この本を読んで、「明日の朝ごはんが楽しみだな！」と少しでも感じてくれたらうれしいです。

もちこ

CONTENTS

Chapter 4

栄養たっぷり！
野菜が主役のパンイチ

Chapter 5

大満足！
お肉とお魚のパンイチ

Chapter 6

アレンジ自由自在
ジャム & ソース

おまけ

〈 この本のレシピについて 〉

- 計量単位は、大さじ1=15㎖、小さじ
  1=5㎖、1カップ＝200㎖です。
- 電子レンジやオーブン、トースターの加
  熱時間はメーカーや機種によって異な
  りますので様子を見ながら加減してくだ
  さい。なお電子レンジは600Wのも
  のを使用しています。500Wの場合
  は加熱時間を1.2倍にしてください。
- 火加減の指定が無い場合は、中火で
  調理しています。
- 野菜類は、洗う、皮をむく、ヘタや種を
  除くなどの工程は省いて説明していま
  す。

おしば
いつも元気いっぱいな柴犬。
甘いものが大好き。

Chapter 1

#もちこのパンイチ
人気ベスト5

Instagramで人気の高いレシピを
ご紹介します。スイーツ系も食事系
も、"おいしくて映える"味も見た目も
最高なメニュー！　ぜひ一度、試して
みてください。

アーモンドバターとバナナ

ALMOND BUTTER & BANANA

#01

定番バナナトーストを
ちょっと豪華に

おすすめのパン

 食パン（8枚切り）

材料 （1人分）

アーモンドバター （作りやすい量）

アーモンド（無塩）… 150g

はちみつ … 大さじ2

バナナ … 1/3本

カカオニブ … 適量

CACAO NIB

POINT

カカオとアーモンドの香りが
GOOD！ カカオニブの代わ
りにココアを使ってもOKです。

作り方

① ALMOND

アーモンドバターを作る。アーモン
ドとはちみつをフードプロセッサー
に入れ、なめらかなペースト状に
なるまで15分ほど撹拌する。

②

バナナを食べやすい大きさに切る。

③

トーストに①を塗り、バナナとカカ
オニブをのせる。

いちごサラダ

STRAWBERRY SALAD

#02

甘酸っぱいいちごが主役

気分が上がる春の味♪

おすすめのパン

食パン（6枚切り）

材料（1人分）

いちご … 1〜2個

ベビーリーフ … 約10g

カッテージチーズ … 大さじ1

ドレッシング（作りやすい量）

A はちみつ … 小さじ2

バルサミコ酢 … 小さじ1

オリーブオイル … 小さじ1

作り方

①

Aをすべて混ぜて、ドレッシングを作る。

②

いちごを1/4サイズに切る。

③

トーストにベビーリーフ、いちご、カッテージチーズをのせ、①をかける。

BALSAMIC VINEGAR

POINT

バルサミコ酢のドレッシングがアクセントに。デパ地下のサラダみたいに華やかな1枚です。

さつまいもとりんごと
リコッタチーズ

SWEET POTATO, APPLE & RICOTTA CHEESE

#03

タルトみたいな
ほっこり優しい甘み

おすすめのパン

食パン（8枚切り）

材料 (1人分)

りんご … 1/3 個

さつまいも (大) … 1cm

バター … 約5g

リコッタチーズ … 大さじ1〜2

メープルシロップ … 適量

POINT

りんごは紅玉がおすすめ。②
で砂糖（小さじ1）を加えると
スイーツ感アップ。最後にレモ
ン汁（1〜2滴）を加えるとさ
わやかな味わいになります。

作り方

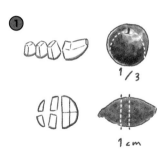

①

りんごは1cm幅のいちょう切りにす
る。さつまいもは10分水にさらし、
食べやすい大きさに切る。

②

フライパンにバターを引き、①をソ
テーする。

③

トーストにリコッタチーズを塗り、
②をのせ、最後にメープルシロップ
をかける。

ズッキーニのパルメザンチーズ

ZUCCHINI PARMESAN CHEESE

#04

じゅわっとジューシーな
旨みが広がる！

おすすめのパン

フランスパン、
ハード系のパン

材料 (1人分)

ズッキーニ … 5㎝

マヨネーズ … 大さじ1

塩…少々

パルメザンチーズ … 適量

黒胡椒 … 少々

作り方

① ズッキーニは1㎝幅に切る。

② フライパンにマヨネーズを入れて
①を焼き、塩で味をととのえる。

ZUCCHIIIINI

POINT

緑のズッキーニだけでもOK
ですが、イエローズッキーニも
使うと見た目もカラフルで楽し
い!

③ トーストに②をのせ、パルメザン
チーズと黒胡椒を振りかける。

ずんだパンイチ

ZUNDA PANICHI

#05

この甘じょっぱさが クセになる！

おすすめのパン

食パン（小さめのもの、厚切り）

材料（作りやすい量）

ずんだ餡

枝豆 … 80g（さや付きで約160g）

はちみつ … 大さじ1/2

塩 … ひとつまみ

みたらし餡

A 醤油 … 大さじ1

　砂糖 … 大さじ3

　水 … 大さじ4

　片栗粉 … 小さじ2

黒ごま … 適量

POINT

枝豆の香りが口いっぱいに広がる和菓子風。つやつやのみたらし餡をかければ、間違いなしのおいしさ。

作り方

①

ずんだ餡を作る。枝豆はやわらかめにゆで、さやから取り出す。

②

フードプロセッサーに①、はちみつ、塩を入れて攪拌する。

③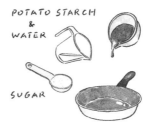

SOY SAUCE

POTATO STARCH & WATER

SUGAR

みたらし餡を作る。フライパンか小鍋に A を入れ、かき混ぜながら、透明になるまで弱火にかける。

④

トーストに②をのせる。③をかけ、黒ごまを振る。

クマシロー
おっとりした性格のシロクマ。
うれしいと踊る。お肉が好物。

Chapter 2

5分以下！
すぐでき簡単パンイチ

切ってのせるだけ、混ぜてのせるだけ
など、忙しい朝にうれしいメニュー。
トーストを待つ時間のひと手間で、
食べ方のアレンジが広がります。

フロランタン風

FLORENTINE STYLE

おうちで再現♡
アーモンド香る人気スイーツ

おすすめのパン

▢　デニッシュパン

材料 (1人分)

A　アーモンドスライス … 20g
　　牛乳 … 大さじ1と1/2
　　メープルシロップ … 小さじ2
バター … 5g

作り方

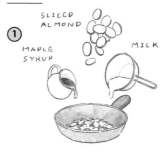

① フライパンにバターを引き、溶けてきたらAを入れて混ぜる。

② とろみがついて汁気が半分になったら火を止める。少し冷ましてからパンに塗る。

③ トースターで焼き目がつくまで焼く。

POINT

②は冷えると固まってしまうので、温かさが残っているうちに塗るようにしてください。

マンゴーヨーグルト
レーズンヨーグルト

MANGO YOGURT
RAISIN YOGURT

ふっくら＆ぷるぷる
ドライフルーツが魅惑の食感に

おすすめのパン

フランスパン
ハード系のパン

材料 (作りやすい量)

マンゴーヨーグルト

ドライマンゴー … 20g

ヨーグルト（無糖）… 60g

レーズンヨーグルト

レーズン … 20g

ヨーグルト（無糖）… 60g

ラム酒 … 少々（お好みで）

作り方

①

ドライマンゴーは食べやすい大きさに手で割く。

②

ドライマンゴーとレーズンをそれぞれヨーグルトに混ぜ、冷蔵庫で一晩寝かせる。

③

トーストに ② をのせていただく。レーズンヨーグルトには、お好みでラム酒をかけてもよい。

POINT

ドライフルーツの甘みが移るので、ヨーグルトは無糖がおすすめ。濃厚なチーズケーキのような味になります。

アボカドとピスタチオ

AVOCADO & PISTACHIO

ピスタチオの食感が
アボカドの
クリーミーさを引き立てる

食パン（8枚切り）

材料（1人分）

アボカド … 1/2個

ピスタチオ（塩味付き・殻なし）
　… 3g（3〜4個）

塩 … ひとつまみ

ピンクペッパー
　または 黒胡椒 … 適量

はちみつ … 大さじ1/2

NUTS

POINT

ピスタチオはお好みのナッツ（塩味付き）に代えてもOKです。

作り方

① ボウルにアボカドと塩を入れてフォークでつぶす。ピスタチオは粗めに刻む。

② トーストにアボカドを塗る。ピスタチオとピンクペッパーを散らし、最後にはちみつをかける。

パイナップルとココナッツ

PINEAPPLE & COCONUT

ジューシーな

リゾート気分の組み合わせ

食パン（小さめのもの、厚切り）

材料（1人分）

パイナップル … 100g

ココナッツロング … 大さじ1〜2

バター … 適量

練乳 … 大さじ1

作り方

①

パイナップルは食べやすい大きさ
に切る。

②

トーストにバターを塗り、①をの
せる。練乳、ココナッツロングを
かける。

POINT

練乳が無い場合は、牛乳100
㎖と砂糖大さじ1を煮詰めると
即席練乳ができます。

マスカットのチーズケーキ

MUSCAT CHEESECAKE

たっぷりフルーツを
食べたいときの
ちょっと贅沢パンイチ

おすすめのパン

 食パン（小さめのもの、厚切り）

材料 (1人分)

マスカット … 5〜6粒

クリームチーズ … 18g

ヨーグルト … 大さじ1

はちみつ … 適量

黒胡椒…少々

作り方

①

マスカットは半分に切る。

②

常温に戻しておいた（または電子レンジで10秒ほど温めた）クリームチーズにヨーグルトを混ぜ合わせる。

③

パンに②を塗り、①のマスカットをのせる。はちみつをかけ、黒胡椒を振る。

POINT

みずみずしいマスカットには、厚めに切ったやわらかい食パンが合いますよ。

ベーコンとねぎとホワイトソース

BACON, GREEN ONION & WHITE SAUCE

朝食にぴったり！
あったか
グラタン風トースト

おすすめのパン

フォカッチャ

材料 (1人分)

ベーコン … 1/4 枚
ホワイトソース（市販のもの）… 大さじ1
薬味ねぎ（小口切り）… 適量

作り方

①

ベーコンは1cm幅に切る。

②

パンにホワイトソース、①、薬味ねぎ
の順にのせ、トースターで焼き目が
つくまで焼く。

POINT

カットベーコンを使えば、包丁
要らずでさらに時短。ベーコン
の旨みと濃厚なホワイトソース
は、もっちり生地のフォカッチャ
にぴったり！

トマトソースとミートボール

TOMATO SAUCE & MEATBALL

おすすめのパン

🥖 フランスパン

材料 (1人分)

カットトマト（缶詰）… 大さじ2

ミートボール（市販のもの）… 5〜6個

バター … 適量

細切りチーズ … 適量

パセリ … 適量

作り方

① ボウルにカットトマトとミートボール（ソースごと）を入れて、混ぜ合わせる。

② パンにバターを塗り、①と細切りチーズをのせて、トースターでチーズが溶けるまで焼く。仕上げにパセリを振りかける。

POINT

最後の仕上げは、パセリの代わりに胡椒やカレーパウダーをかけると味の変化を楽しめます。

しらすの青のりバター

SHIRASU GREEN LAVER BUTTER

にんにくの香りが
食欲をそそる
レンチンディップ

おすすめのパン

 バタール

材料 (1人分)

しらす … 大さじ2
青のり … 大さじ1/2
にんにく … 1かけ
バター … 10g
サラダほうれん草 … 適量

作り方

①

にんにくはみじん切りにする。耐熱容器にバター、にんにくを入れ、ラップをかぶせてレンジで20秒ほど加熱する。溶けていない場合は様子を見ながら10秒ずつ加熱する。

②

①にしらす、青のりを加えて和える。

③

トーストにサラダほうれん草、②をのせていただく。

POINT

しらすの量はお好みでたっぷりと増やしても！ ささっと作れて、おつまみにもなる一品です。

ハムペースト

HAM PASTE

材料を混ぜるだけ！
しっかり効かせた
オニオンがポイント

おすすめのパン

🥖 バタール

材料 （1人分）

ハム … 100g

玉ねぎ … 1/8 個

クリームチーズ … 18g

作り方

① すべての材料をフードプロセッサーに入れ、なめらかなペースト状になるまで攪拌(かくはん)する。

② トーストに①を塗っていただく。

POINT

まろやかながらさっぱり感があり、どんどん食べられる味です。ハムペーストは野菜につけてもGOOD！

ドライトマトとクリームチーズ

DRIED TOMATO & CREAM CHEESE

超簡単なのに
おしゃれ＆見栄え良し！

おすすめのパン

食パン（8枚切り）、
フランスパン

材料 (1人分)

ドライトマト（オリーブオイル漬け）… 12g

クリームチーズ … 18g

黒胡椒 … 適量

作り方

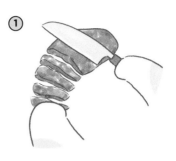

ドライトマトは5㎜幅に切る。

常温に戻しておいた（または電子
レンジで10秒ほど温めた）クリー
ムチーズをトーストに塗り、①をの
せる。最後に黒胡椒を振る。

POINT

チーズの種類はモッツァレラ、
カッテージチーズなど自由にア
レンジしてみてください。

猫八 <ruby>猫八<rt>ねこはち</rt></ruby>

シャイな猫。運動神経がいい。
魚が大好き。

Chapter 3

甘〜い幸せ♡
スイーツパンイチ

フレンチトーストや旬のフルーツを
使ったレシピなど、デザート感覚で食
べたいメニューです。こんな朝ごはん
なら起きるのが楽しみになりますね。

さくらんぼのピクルス

PICKLED CHERRY

キュンとときめく
カフェ風パンイチ

おすすめのパン

 フランスパン

材料 (1人分)

さくらんぼのピクルス（作りやすい量）

さくらんぼ … 200g

A りんご酢 … 50㎖

　　砂糖 … 大さじ1

　　水 … 50㎖

　　ローリエ … 1枚（あれば）

リコッタチーズ … 大さじ1〜2

POINT

さくらんぼは一晩で漬かります
が、3日ほど漬けるとパンチが
効いた味に。味の変化も楽し
んでみて。

作り方

①

さくらんぼのピクルスを作る。小
鍋にAを入れ、ひと煮立ちさせた
ら火を止める。粗熱が取れたら、
さくらんぼと一緒に保存容器に入
れ、冷蔵庫で一晩以上寝かせる。

②

トーストにリコッタチーズを塗り、
①をのせる。

ナッツとチョコペースト

NUT & CHOCOLATE PASTE

ほろ苦がちょうどいい♡
大人のチョコトースト

おすすめのパン

食パン（8枚切り）

材料（作りやすい量）

チョコペースト

ヘーゼルナッツ（無塩・皮なし）… 150g

A 砂糖 … 大さじ2

┃ ココアパウダー … 大さじ3

┃ ココナッツオイル … 小さじ2

┃ 塩 … 少々

お好みのナッツ（無塩）…適量

POINT

チョコペーストはフルーツと
も相性ぴったり！ いちごや
バナナ、オレンジピールをの
せてもGOOD！

作り方

①

ヘーゼルナッツは180度のオー
ブンで15分焼く。

②

①をなめらかになるまでフードプ
ロセッサーにかける。Aを加えて
さらに攪拌（かくはん）する。

③

パンに②を塗ってトーストし、お
好みのナッツを刻んで散らす。

抹茶フレンチトースト

MATCHA FRENCH TOAST

しっとり
染み染みが
たまらない！

おすすめのパン

 食パン（6枚切り）

材料 （1人分）

抹茶パウダー … 小さじ2

豆乳（または牛乳） … 100㎖

はちみつ … 大さじ1

卵 … 1個

米油（またはサラダ油） … 大さじ1

さくらんぼ … 1個

ヨーグルト … 1カップ（作りやすい分量）

黒蜜 … 適量

作り方

① ボウルにザル（ボウルよりひと回り大きいもの）、キッチンペーパーを重ね、その上にヨーグルトを入れる。ラップをかぶせて冷蔵庫で一晩寝かせる。

――――――――――――――

POINT

抹茶の風味とヨーグルトの酸味が絶妙なバランス。フレンチトーストには厚切りの食パンがおすすめです。

――――――――――――――

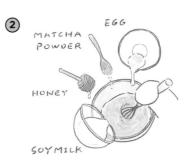

② ボウルに抹茶パウダーを茶こしでふるい入れ、豆乳を少しずつ加えながら混ぜる。さらに溶いた卵とはちみつを加えてよく混ぜる。パンの耳を落とし、卵液が染み込むまで2～3時間ほど浸す。

③ フライパンに油を引き、②を弱火で7分ほど焼く。焼き色がついたら裏面も7分ほど焼く。

④ お皿に移し、①の水切りヨーグルト、さくらんぼをのせ、黒蜜をかける。

さつまいもとマスカルポーネと
ラムレーズン

SWEET POTATO, MASCARPONE
& RUM RAISIN

お砂糖なしの
自然な甘みに
ラムの香りをプラス

おすすめのパン

食パン（8枚切り）
やわらかいパン

材料（1人分）

ラムレーズン（作りやすい量）

レーズン … 20g

ラム酒 … 20㎖

さつまいも（大）… 約1.5㎝

牛乳 … 小さじ1

はちみつ … 小さじ1/2

マスカルポーネチーズ … 大さじ1

POINT

レーズンを漬けたラム酒を、③
で牛乳の代わりに入れるとより
大人の味になります。

作り方

①
レーズンを沸騰したお湯で20秒ほ
どゆで、水気を切る。ラム酒と一緒
に保存容器に入れて、冷蔵庫で一
晩寝かせる。

②

さつまいもは皮をむいてひと口大に
切り、10分ほど水にさらしてから、
やわらかくなるまでゆでる。

③

熱いうちにつぶし、牛乳とはちみつ
を加えて混ぜる。

④

トーストにマスカルポーネチーズを
塗り、③、①の順にのせる。

キウイとミント

KIWI FRUIT & MINT

甘くてさわやか〜
味も見た目も涼しい
夏のパンイチ

おすすめのパン

バタール

材料（作りやすい量）

キウイ … 1/2 個

砂糖 … 大さじ1/2

ミント … 2 枚

クリームチーズ … 18g

作り方

キウイは小さめの乱切りにして砂糖をまぶし、冷蔵庫で一晩寝かせる。

②

ミントを手で小さくちぎって①と混ぜる。

③

常温に戻しておいた（または電子レンジで10秒ほど温めた）クリームチーズをパンに塗り、②をのせる。

SPEARMINT

POINT

火を使わずにできる簡単ジャム風ソースです。甘さひかえめなので、砂糖の量はお好みで調整してください。

ふわふわ
ココナッツクリーム
アレンジ2種♪

おすすめのパン

 フランスパン、
ハード系のパン

材料（作りやすい量）

ココナッツクリーム

ココナッツミルク … 1缶（400㎖）

砂糖 … 大さじ1

ブルーベリージャム

A 冷凍ブルーベリー … 100g

砂糖 … 20g

レモン汁 … 小さじ1/4

バナナとブルーベリーのクリーム

B バナナ … 1/2本

冷凍ブルーベリー … 25g

クリームチーズ … 18g

レモン汁 … 小さじ1

バナナ … 2切れ（お好みで）

作り方

①

ココナッツクリームを作る。ココナッツミルクの缶は冷蔵庫で一晩冷やしておき、分離して浮いている分だけをすくい取る。砂糖を加えて泡立て器で混ぜる（氷水で冷やしながら混ぜると、より固まりやすい）。

Aを小鍋に入れてしばらくおき、汁気が出てきたら弱火でとろみがつくまで煮る。

Bをフードプロセッサーに入れ、なめらかになるまで攪拌する。

パン2枚に①を塗る。1枚には、さらに②のブルーベリージャムを塗る。もう1枚には、③のバナナとブルーベリーのクリームを塗り、お好みで輪切りにしたバナナをのせる。

POINT　生クリームよりヘルシーなのに、香りがいいから満足感もばっちり。ブルーベリーとの組み合わせが◎なクリームです。

りんごの赤ワイン煮

BOILED APPLE IN RED WINE

材料3つだけ！
ワインが
ふんわり香る大人味

おすすめのパン

 フランスパン

材料（作りやすい量）

りんご … 1個

赤ワイン … 200㎖

砂糖 … 20g

POINT

りんごの種類は、紅玉がおすすめ。古くなってしまったりんごでもおいしくできます。

作り方

①

りんごの皮をむき、食べやすい大きさに切る。

②

フライパンに①、赤ワイン、砂糖を入れて弱火で15分煮る。りんごをひっくり返して、さらに15分煮る。

③

トーストに②をのせていただく。

黒ねりごまと豆腐のクリーム

BLACK SESAME PASTE & TOFU CREAM

まるで濃厚な
黒ごまプリンみたい！

おすすめのパン

食パン（6枚切り）

材料（作りやすい量）

豆腐（絹）… 75g（約1/4丁）

ねりごま（黒）… 15g

はちみつ … 小さじ2

黒ごま … 適量

POINT

豆腐クリームは、上記の分量
で約2人分できます。真っ黒
な見た目のインパクトも楽しい！

作り方

①

豆腐をしっかり水切りする。キッチ
ンペーパーで豆腐を包み、重しを
のせて一晩おく。

②

フードプロセッサーに①、ねりご
ま、はちみつを入れてなめらかに
なるまで攪拌する。

③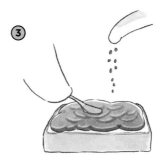

トーストに②を塗り、黒ごまを振
る。

パンプキンプリン

PUMPKIN PUDDING

ほんのり甘～い
秋のフレンチトースト

おすすめのパン

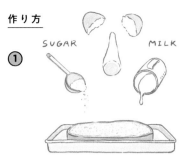 フランスパン

材料（作りやすい量）

A 卵 … 1個
　牛乳 … 70ml
　砂糖 … 小さじ2
かぼちゃ … 60g
牛乳 … 大さじ1
メープルシロップ … 大さじ1/2
米油（またはサラダ油）… 大さじ1
かぼちゃの種 … 適量

POINT

かぼちゃは、あえて粗めにつぶして食感を残すのがポイント。なめらかにしたい場合は裏ごしして。

作り方

①

バットかボウルにAを入れてよく混ぜる。卵液がパンに染み込むまで2～3時間ほど浸す。

②

かぼちゃは耐熱容器に入れてふんわりとラップをかけ、レンジで2～3分加熱する。

③

熱いうちに皮を取り除いてつぶし、牛乳とメープルシロップを加えて混ぜる。

④

フライパンに油を引き、①を弱火で7分ほど焼く。焼き色がついたら裏面も7分ほど焼く。お皿に移し、③をのせ、かぼちゃの種を散らす。

梨のコンポート

PEAR COMPOTE

旬のフルーツ
そのままのおいしさを
閉じ込めて

おすすめのパン

食パン（6枚切り）

材料（作りやすい量）

梨 … 1個

A 砂糖 … 30g
水 … 100㎖
白ワイン … 50㎖

リコッタチーズ … 大さじ2

ミント … 適量（お好みで）

POINT

傷みやすい梨も、少しシャリシャ
リ感を残したコンポートにする
ことで、旬の味を長く楽しめる！

作り方

① 梨は8等分のくし切りにする。

② 鍋に①、Aを入れてひと煮立ちさ
せた後、弱火で10分煮る。粗熱
が取れたら、冷蔵庫で1時間以上
冷やす。

③ パンにリコッタチーズを塗り、②
をのせる。お好みでミントをのせ
る。

アメリカンチェリーと ココアのフレンチトースト

AMERICAN CHERRY & COCOA FRENCH TOAST

甘いココア×ヨーグルトが
さわやかな
ベストバランス

おすすめのパン

食パン（厚切り）

材料 (1人分)

アメリカンチェリー … 7個

ヨーグルト … 1カップ

A ココア … 大さじ1

　卵 … 1個

　牛乳 … 100㎖

　はちみつ … 大さじ1

米油（またはサラダ油）… 大さじ1

作り方

①

ボウルにザル（ボウルよりひと回り大きいもの）、キッチンペーパーを重ね、その上にヨーグルトを入れる。ラップをかぶせて一晩寝かせる。

②

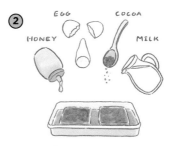

バットかボウルにAを入れてよく混ぜる。パンの耳を落とし、卵液が染み込むまで2〜3時間ほど浸す。

③

フライパンに油を引き、②を弱火で7分ほど焼く。焼き色がついたら裏面も7分ほど焼く。粗熱が取れたら冷蔵庫で1時間以上冷やす。

④

①の水切りヨーグルト、アメリカンチェリーをのせる。

POINT

ちょっと新鮮な、冷やして食べるフレンチトーストです。焼いてから保存しておけるのが便利。

ジンジャーシロップと
リコッタチーズ

GINGER SYRUP & RICOTTA CHEESE

生姜がピリッと
刺激的！
スパイス香る

おすすめのパン

 フランスパン

材料 (1人分)

ジンジャーシロップ (作りやすい量)

生姜 … 100g

砂糖 … 100g

Ａ 水 … 200㎖

胡椒 (ホール) … 5粒

クローブ … 5粒

八角 … 1個

シナモンスティック … 1本

リコッタチーズ … 大さじ2

ジンジャーシロップの出がらし … 適量

POINT

スパイスをたっぷり使ったジンジャーシロップは、体の中からぽかぽか温まります。煮沸消毒したビンに詰めて冷蔵保存してください。

作り方

生姜は千切りにして砂糖と一緒にフライパンか鍋に入れる。そのまま30分おいて、水分を出す。

②のフライパンにＡを入れて、弱火で20分煮る。布またはザルで濾したら、ジンジャーシロップの完成。

③

②のジンジャーシロップの出がらしをみじん切りにする。

④

リコッタチーズにジンジャーシロップ (大さじ1) を混ぜ、トーストに塗り、最後に③を散らす。

ピスタチオとマスカルポーネ

PISTACHIO & MASCARPONE

濃厚ふわふわ♡
ピスタチオの
風味をギュッと

食パン

材料（作りやすい量）

ピスタチオペースト

ピスタチオ（無塩・殻なし）
　… 10g（10〜12個）
マスカルポーネチーズ … 30g
はちみつ … 大さじ1/2

ピスタチオ（飾り用）… 適量

POINT

シンプルながら贅沢な味。マスカルポーネの代わりにクリームチーズを使うとチーズケーキ風になります。

作り方

① ピスタチオを粉末状になるまでフードプロセッサーにかける。または、すり鉢でする。

② ボウルに①とマスカルポーネチーズ、はちみつを加えてよく混ぜる。

③ トーストに②を塗り、粗めに刻んだピスタチオ（飾り用）を散らす。

イチジクのバルサミコソース

FIG BALSAMIC SAUCE

簡単なのに
お店の味みたいな
本格派！

おすすめのパン

食パン（8枚切り）

材料（1人分）

イチジク … 1個

バルサミコ酢 … 大さじ2

はちみつ … 大さじ1/2

バター … 適量

ミックスナッツ（無塩）… 適量

作り方

① フライパンにバルサミコ酢とはちみつを入れて火にかけ、少しとろみがつくまで煮詰める。

② イチジクは皮をむいて7mm厚さにスライスする。

③ トーストにバターと①の半分を塗り、イチジクをのせる。残りの①をかけ、粗めに刻んだナッツを散らす。

POINT

バルサミコ酢とはちみつのソースは、冷えると固くなるので温かいうちに使うようにしてください。

ユキちゃん
甘えん坊なアザラシ。
クマシローがこわい。

Chapter 4

栄養たっぷり！
野菜が主役のパンイチ

さっぱりサラダ仕立てや、卵やチーズ
を合わせたほっこり温まるトースト。
彩りあざやかな野菜がメインのレシピ
を集めました。

アボカドとパプリカ

AVOCADO & PAPRIKA

彩りあざやか
ビタミンカラーで
朝から元気に！

黒パン、
ハード系のパン

材料（1人分）

アボカド … 1/4 個

パプリカ（赤・黄） … 各1/4 個

A 粒マスタード … 小さじ1

　はちみつ … 小さじ1/2

　オリーブオイル … 小さじ1

　レモン汁 … 1〜2 滴

　塩 … 少々

ベビーリーフ … 適量

作り方

① アボカド、パプリカはひと口大に切る。

② ボウルにAを入れてよく混ぜる。

③ トーストにベビーリーフ、①の順にのせ、②をかける。

POINT

アボカドとパプリカはできるだけ同じ大きさに切ると食べやすく、見た目もきれいです。レモン汁にはアボカドの変色を防ぐ効果も。

かぼちゃとくるみとレーズン

PUMPKIN, WALNUT & RAISIN

レンジで簡単！
自然な甘さのデリ風パンイチ

おすすめのパン

黒パン、
ハード系のパン

材料（1人分）

かぼちゃ … 50g

マヨネーズ … 小さじ2

塩 … ひとつまみ

くるみ … 10g（2〜3粒）

レーズン … 10g

黒胡椒 … 少々

POINT

マヨネーズをアマニ油やオリー
ブオイルに変えるとヘルシー
に。くるみはアーモンドやカ
シューナッツに変えてもOK
です。

作り方

①

かぼちゃは耐熱容器に入れてふん
わりとラップをかけ、レンジで2〜
3分加熱する。熱いうちに皮を取
り除き、なめらかになるまでつぶす。

②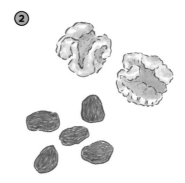

①にマヨネーズと塩を加え、細か
く刻んだくるみ、レーズンを入れて
ざっくり混ぜる。

③

パンにを塗り、黒胡椒を振る。

ほうれん草のキッシュ
SPINACH QUICHE

パイ生地の代わりに
パンを器にした
お手軽キッシュ

食パン（6枚切り）

材料（1人分）

ほうれん草（ゆで）… 40g

A 卵 … 1個
    牛乳 … 大さじ1
    塩 … 少々

バター … 5g

モッツァレラチーズ（細切り）… 20g

松の実 … 適量

作り方

①

ボウルにAを入れて混ぜ、さらに1cm幅に切ったほうれん草を加えて混ぜる。

POINT

食パンは6枚切り以上の厚めのものが作りやすいです。グラタンみたいで食べ応えも◎！

②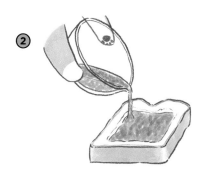

パンの中央部をおしつぶして、くぼみを作る。くぼみにバターを塗り、①を注ぎ入れる。

③

10 min

アルミホイルでふんわり包み、トースターで10分焼く。アルミホイルを外してモッツァレラチーズをのせ、さらに2〜3分焼く。

④

PINE NUTS

焼き色がつくまでフライパンで焼いた松の実を③に散らす。

きゅうりとバターとレモンと塩胡椒

CUCUMBER, BUTTER, LEMON & SALT & PEPPER

包丁要らずで楽ちん
意外な組み合わせにハマる!

食パン（6枚切り）

材料 （1人分）

きゅうり … 1/2本
バター … 10g
レモン汁 … 小さじ1/2
塩、黒胡椒 … 各少々

作り方

①

きゅうりはピーラーで薄くスライスする。

②

トーストにバターを塗り、①のきゅうりを並べる。

③

レモン汁と塩、黒胡椒を振る。

POINT

バターはたっぷり塗りましょう。塩、黒胡椒もしっかり効かせて、さっぱりながらも満足感のある味に。

厚揚げと紫玉ねぎ

ATSUAGE & RED ONION

シャキシャキ野菜と
ナッツの食感が楽しい！

🍞 ハード系のパン

材料（1人分）

厚揚げ豆腐 … 1/4枚

紫玉ねぎのマリネ（作りやすい量）

紫玉ねぎ … 1/2個

A りんご酢 … 1/2カップ

　砂糖 … 大さじ3

　みりん … 大さじ2

　塩 … ひとつまみ

B 豆板醤 … 小さじ1

　マヨネーズ … 小さじ2

水菜 … 約10g

お好みのナッツ（無塩）… 適量

作り方

① 紫玉ねぎのマリネを作る。鍋にAを入れ、ひと煮立ちさせて火を止める。粗熱が取れたら薄くスライスした紫玉ねぎと一緒に保存容器に入れ、冷蔵庫で一晩おく。

② ボウルにBを入れて混ぜる。油抜きして5mm厚さに切った厚揚げを加えて和える。

 ③ 水菜は3〜4cm長さに切る。ナッツは粗めに刻んでおく。

④ トーストに水菜、水気を切った紫玉ねぎのマリネ、②の順にのせ、ナッツを散らす。

POINT

厚揚げをドーンとのせて。豆腐好きが豆腐好きさんに贈るレシピ！ ナッツはアーモンド、カシューナッツなどお好みでどうぞ。

トマトとにんにくとオリーブオイル

TOMATO, GARLIC & OLIVE OIL

食べ過ぎ注意！
にんにくの香りが
食欲そそる

【おすすめのパン】

 フランスパン

材料 （作りやすい量）

トマト … 1個

にんにく … 1/2片

オリーブオイル … 大さじ2

ドライパセリ … 小さじ1

塩 … 少々

作り方

① トマトは1cm角のさいの目切りに、にんにくはみじん切りにする。

②

①と残りの材料すべてをボウルで混ぜ合わせる。

③

トーストに②をのせていただく。

OLIVE OIL

POINT

トマトとオリーブオイルの組み合わせは、味も栄養も◎。クリームチーズやベーコンを加えてもおいしいですよ。

卵とクレソン

EGG & WATERCRESS

香味野菜好き要チェックの
朝のごちそう♡

🥖 フランスパン

材料（作りやすい量）

クレソン … 1〜2株

卵 … 1個

オリーブオイル … 小さじ1

マヨネーズ … 小さじ2

塩、黒胡椒 … 各少々

作り方

①

クレソンは3〜4cm長さに切り、オリーブオイルを引いたフライパンでさっと炒める。

②

ポーチドエッグを作る。耐熱容器に卵と、卵が浸るくらいの水（分量外）を入れ、レンジで1分加熱する。

③

トーストにマヨネーズを塗り、①、②をのせて塩、黒胡椒を振る。

POINT

ポーチドエッグは、レンジで簡単に作れます。さわやかな香りと辛みがおいしいクレソンに、とろとろの卵をからめて。

芽キャベツのチーズフォンデュ

BRUSSELS SPROUT CHEESE FONDUE

とろ～りおいしい
万能チーズソース

おすすめのパン

🥖 フランスパン

材料 （作りやすい量・2人分）

芽キャベツ … 7個

オリーブオイル … 小さじ2

酒または白ワイン … 大さじ2

A 牛乳 … 50㎖

┌ ピザ用チーズ … 50g

└ 片栗粉 … 3g

胡椒 … 適量

作り方

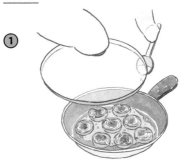

① 芽キャベツは半分に切る。フライパンにオリーブオイルを引き、中〜強火で焼き色がつくまで焼いたあと、酒を加えて蓋をしてやわらかくなるまで蒸す。

① を取り出したフライパンにAを入れ、とろみがつくまで弱火にかける。

トーストに②を塗り、①を並べて胡椒を振る。

POINT

チーズソースは芽キャベツ以外にも、アスパラガスやトマト、じゃがいもなど、ぜひお好みの野菜に合わせてお気に入りの組みあわせを見つけて。

グリル野菜

GRILLED VEGETABLES

じんわり優しい♡
根菜＆しいたけの旨み

おすすめのパン

 フランスパン

材料（1人分）

れんこん … 30g（1〜2cm）

かぼちゃ … 30g

しいたけ … 1個

オリーブオイル … 大さじ2

塩、黒胡椒 … 各少々

トマトケチャップ … 大さじ1〜2

細切りチーズ … 15g

ドライパセリ … 適量

POINT

じゃがいもやにんじん、ねぎを
使ってもおいしいです。オーブ
ンが無い場合はフライパンで
じっくり焼いてもOKです。

作り方

れんこんとかぼちゃは5mm厚さに切り、さ
らに食べやすい大きさに切る。しいたけは
1cm幅に切る。

①をオリーブオイル（半量）と塩、黒胡椒で
和え、180度に温めたオーブンで15分焼く。

パンにオリーブオイル（残りの半量）とケ
チャップを塗り、②とチーズをのせてトー
スターでチーズが溶けるまで焼く。

仕上げにドライパセリを振る。

アヒ山さん
近所に住んでるアヒル。
歌がうまい。

Chapter 5

大満足!
お肉とお魚のパンイチ

ボリューム満点のお肉と海鮮のパン
イチは、しっかり食べたい気分の朝
や、ランチ、夕食にもぜひどうぞ。意
外なお魚もパンに合いますよ。

チキンのバインミー

CHICKEN BANH MI

さっぱりヘルシー
ベトナム屋台の味に
やみつき！

フランスパン

材料 (1人分)

蒸し鶏 (作りやすい量)

鶏胸肉 … 1枚

酒 … 大さじ1

なます (作りやすい量)

大根 … 80g (約3㎝)

にんじん … 80g (約1/2本)

塩 … ひとつまみ

A 酢 … 大さじ1と1/2

　砂糖 … 大さじ1

　ヌクマム または ナンプラー

　　… 大さじ1/2

バター … 5g

パクチー … 適量

スイートチリソース … 適量

POINT

ヌクマムは魚を発酵させて作る
魚醤で、ベトナム料理には欠か
せない調味料。一気に本場の
味になります。

作り方

① なますを作る。大根とにんじんは千
切りにして塩を振る。10分ほどお
いたあと水気をしっかり絞り、Aを
合わせたボウルに3時間ほど漬ける。

② 蒸し鶏を作る。鶏胸肉の皮目全体に
フォークを刺し、耐熱容器に鶏肉と
酒を入れて軽くなじませ、ラップをか
ぶせてレンジで5分加熱する。

③ 蒸し鶏は8㎜幅に、パクチーは食べ
やすい大きさに切る。トーストにバ
ターを塗り、なます、蒸し鶏、スイー
トチリソース、パクチーの順にのせ
る。

豚肉と五ねぎと大葉味噌

PORK, ONION & OHBA MISO

香りさわやか♡
大葉のアクセントが際立つ

フランスパン

材料 (1人分)

大葉味噌（作りやすい量）

大葉…20〜30枚

A すりごま…大さじ2

味噌…大さじ2

ごま油…大さじ1

みりん…大さじ1

酒…大さじ1

砂糖　大さじ1

豚こま切れ肉 … 70g

玉ねぎ … 1/2個

サラダ油 … 小さじ2

作り方

①

フライパンにAを入れ、とろみがつくまで炒める。みじん切りにした大葉を加え、しんなりする直前に火を止める。

POINT

大葉味噌は、粗熱が取れたら煮沸消毒したビンに移して保存できます。ごはんや豆腐に合わせて食べてもおいしいですよ。

玉ねぎは横に半分に切り、7mm幅に切る。

フライパンに油を引き、豚肉と玉ねぎを炒め、火が通ったら①の大葉味噌（大さじ3）を加える。

トーストに大葉味噌（小さじ1）を薄く塗り、③をのせる。

焼肉とレタス

YAKINIKU & LETTUCE

シンプル・イズ・ベスト
肉の気分の日はコレ！

 フランスパン

材料（1人分）

牛カルビ肉（焼肉用）… 3枚
焼肉のたれ … 適量
グリーンレタス … 1〜2枚
白ごま … 適量

作り方

①

牛肉を食べやすい大きさに切り、
焼肉のたれに1時間ほど漬ける。

②

①を火が通るまで焼き、トーストに
グリーンレタス、焼肉をのせ、白ご
まを振る。

POINT

おうち焼肉の余ったお肉は、気
分を変えてパンでいただくのも
いいですね。

ベーコンとキノコ

BACON & MUSHROOMS

ベーコンの脂がパンに
ジュワッと染み込む

おすすめのパン

🥖 ハード系のパン

材料 （1人分）

ベーコン（厚切り）… 1枚

キノコ（お好みの種類）… 30g

オリーブオイル … 小さじ1

塩、黒胡椒 … 各少々（お好みで）

作り方

①

フライパンにオリーブオイルを引き、食べやすい大きさに切ったベーコンを焼く。

②

ベーコンを焼いたあとの油でキノコを炒める。

③

トーストにベーコン、キノコの順にのせ、お好みで塩、黒胡椒を振る。

POINT

キノコは、しめじ、しいたけ、まいたけ、えのきなど、なんでもお好みでどうぞ。

鶏チャーシュー

CHICKEN CHAR SIU

ほったらかしで
簡単ジューシー！

おすすめのパン

 フランスパン

材料 (1人分)

鶏チャーシュー（作りやすい量）

鶏胸肉 … 1枚

A 醤油 … 200㎖

みりん … 140㎖

水 … 140㎖

はちみつ … 大さじ4

酢 … 小さじ1

きゅうり … 1/2本

バター … 5g

塩、黒胡椒 … 各少々（お好みで）

POINT

ちょっと気分を変えたいときは
チリパウダーを振るとスパイ
シーな味に。クミンパウダーで
エスニックテイストも合います。

作り方

鶏チャーシューを作る。鍋にA を
入れて火にかけ、煮立ったら鶏胸
肉を入れる。もう一度煮立ったら
火を止めて蓋をし、一晩寝かせる。

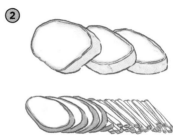

① を薄くスライスし、きゅうりは細
切りにする。

パンにバターを塗り、きゅうり、鶏
チャーシューをのせ、お好みで塩、
黒胡椒を振る。

イワシとマッシュポテトと
ドライトマト

SARDINE, MASHED POTATO & DRY TOMATO

休日の朝は、
丁寧に作るパンイチで
気持ちもリッチに♪

ライ麦パン、
フランスパン

材料 （1人分）

イワシ … 1尾

ドライトマト … 2個

スライスチーズ … 1枚

小麦粉 … 適量

塩、黒胡椒 … 各少々

ディル … 適量

マッシュポテト

じゃがいも … 1/4個

牛乳 … 大さじ1/2

オリーブオイル … 大さじ1/2

作り方

①

イワシは内臓と骨を取ってよく洗う。
水分をふき取ったら半身に切り、塩
（分量外）を振って5〜6分おく。

POINT

イワシはシンプルにカラッと揚
げて。新じゃがを使うと、より
なめらかで香り豊かなマッシュ
ポテトに仕上がります。

②

水分が出てきたらもう一度ふき取
る。小麦粉を薄くまぶし、フライパ
ンに油（分量外）を熱して揚げ焼
きにする。

③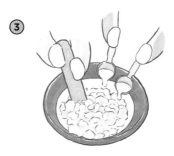

マッシュポテトを作る。じゃがいも
をひと口大に切ってからゆで、熱
いうちにつぶす。牛乳とオリーブ
オイルを加えて混ぜる。

④ ドライトマトは食べやすい大きさ
に切る。

⑤ パンにスライスチーズをのせてトー
ストし、③を塗って塩、黒胡椒を
振る。ドライトマト、イワシ、ディル
の順にのせる。

エビのガーリックソテー

SHRIMP GARLIC SAUTE

おつまみにも good な
ガーリックシュリンプ風

おすすめのパン

食パン（8枚切り）、
ライ麦パン

材料 (1人分)

むきエビ … 12尾

酒 … 大さじ1

塩、黒胡椒 … 各少々

にんにく … 1片

オリーブオイル … 大さじ1

ベビーリーフ … 適量

POINT

にんにくが苦手な人は、オリー
ブオイルの代わりにマヨネーズ
のみで炒めるとエビマヨ風のマ
イルドな味になります。

作り方

① エビは背わたを取り、背中に切り
込みを入れる。酒、塩、黒胡椒を
もみ込み、10分ほどおく。

② フライパンにオリーブオイルを熱し、
みじん切りにしたにんにくを入れる。
香りが出てきたら①を炒める。

③ パンにベビーリーフ、②をのせる。

サーモンとアボカド

SALMON & AVOCADO

おいしさも
栄養も抜群の
黄金コンビ

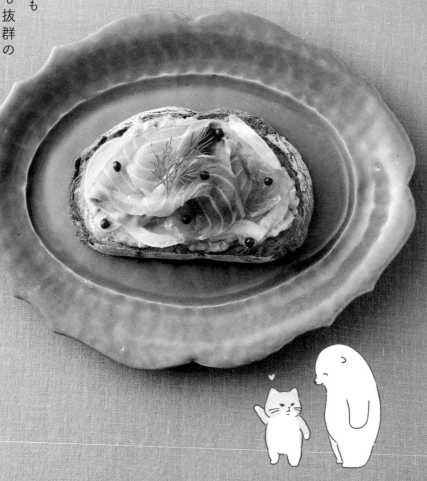

ライ麦パン、
食パン（6枚切り）

材料（1人分）

サーモン（刺身）… 4切れ

アボカド … 1/2個

新玉ねぎ … 1/8個

塩 … 少々

レモン汁 … 少々

ディル … 適量

ピンクペッパー
　　または 黒胡椒 … 適量

作り方

①

新玉ねぎは薄切りにして、2〜3分ほど水にさらしたあと水気を切っておく。

②

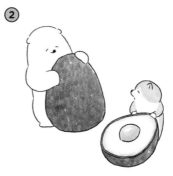

アボカドは皮をむいてフォークでつぶし、塩とレモン汁で味をととのえる。

③

トーストに②、①、サーモン、ディルの順にのせ、ピンクペッパーを散らす。

POINT

ささっと作れてセンス◎なオープンサンド。サーモンの刺身の代わりにスモークサーモンやエビ、ツナもおすすめです。

トマトとオリーブのツナメルト

TOMATO & OLIVE TUNA MELT

とろ〜り
とろけるチーズに
夢中になる♡

 フランスパン

材料 （1人分）

プチトマト … 2〜3個

オリーブ … 2〜3個

玉ねぎ … 1/4個

ツナ缶 （ノンオイル） … 1缶 （70g）

塩 … 少々

オリーブオイル … 小さじ2

レッドチェダーチーズ （またはピザ用チーズ）
　　… 30g

黒胡椒…少々

作り方

①

プチトマトは4等分に切り、オリーブは薄くスライスする。玉ねぎは粗みじんにする。

②

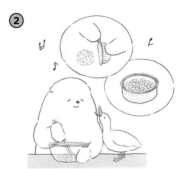

ツナ缶の水気を切り、ボウルに①と塩、オリーブオイルを加えて混ぜる。

③ TOAST

パンに②、レッドチェダーチーズを切ってのせ、トースターでチーズが溶けるまで焼き、最後に黒胡椒を振る。

POINT

チーズたっぷりですが、オリーブの香りとトマトの酸味で、意外とさっぱりいただけます。

タラの ブランダード

COD BRANDADE

おすすめのパン

🥖 ハード系のパン

材料（作りやすい量）

タラ（切り身）… 2切れ
オリーブオイル … 大さじ1
白ワイン … 大さじ1
A じゃがいも … 1個
  にんにく … 1片
  牛乳 … 1カップ
塩、黒胡椒 … 各少々
タイムの葉 … 適量

作り方

①
タラは塩（分量外）を振って10分ほどおき、キッチンペーパーで水気をふき取る。じゃがいもは薄くスライスする。にんにくはつぶしておく。

POINT
ブランダードは、タラをペースト状にしたフランス料理です。クラッカーや野菜スティックにつけてもおいしい！

②
フライパンにオリーブオイルを引き、タラを焼く。焼き色がついたら裏面も焼く。白ワインで香りをつけ、取り出して骨と皮を取り除く。

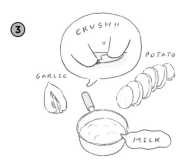

③
鍋にAを入れ、じゃがいもがやわらかくなるまで煮る。

④
フードプロセッサーに②と③を入れてペースト状になるまで攪拌し、塩、黒胡椒で味をととのえる。

⑤
トーストに④を塗り、タイムを散らす。

サバとカイワレ

MACKEREL & RADISH SPROUT

焼いてのせるだけ！
パンとの相性ナンバーワン

おすすめのパン

やわらかいパンでも
ハード系でもお好みで

材料 (1人分)

塩サバ … 1切れ

かいわれ大根 … 適量

バター … 5g

作り方

①
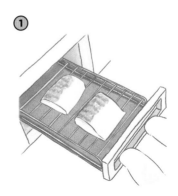

サバはグリルかフライパンで火が
通るまで焼く。

②

トーストにバターを塗り、サバ、か
いわれ大根をのせる。

POINT

実はパンと相性ぴったりのサ
バ。かいわれ大根がピリッとア
クセントになります。大葉を代
わりに使うのもおすすめ。

ヒロコさん
ハシビロコウ。
無口なので謎が多い。

Chapter 6

アレンジ自由自在
ジャム＆ソース

作りおきして毎日食べたいジャムや
ソースを集めました。もちろんそのま
まパンに塗っても、他の食材と組み
合わせてもＯＫ。

リコッタチーズ

RICOTTA CHEESE

意外と簡単に手作りできる！

おすすめのパン

やわらかいパンでも
ハード系でもお好みで

材料（作りやすい量）

牛乳 … 500㎖

レモン汁 … 10㎖

塩 … 少々

POINT

できたてのチーズは、さつまいもとりんごとリコッ
タチーズ（P.12）、ジンジャーシロップとリコッ
タチーズ（P.64）などに使ってみてください。

---

① 鍋にすべての材料を入れて
60～65度に温める。分離
してきたら軽く混ぜ、火を止
めて5分ほどおく。

② ボウルにザル（ボウルよりひ
と回り大きいもの）、キッチン
ペーパーを重ね、①を入れ
て30分ほど水切りする。

レモンカード

LEMON CURD

色あざやかな
イギリスの定番の味

（ おすすめのパン ）

やわらかい食パン

材料 （作りやすい量）

卵 … 1個

A 砂糖 … 60g

　　バター … 50g

　　レモン汁 … 35㎖

POINT

まろやかで甘酸っぱいソースは、パンに塗る以
外にもヨーグルトに混ぜたり、クラッカーにつ
けたり、万能に活躍してくれます。

---

① ボウルに卵を割り入れ、よく
混ぜる。

② A を加え、湯せんにかけなが
らとろみが出てくるまで混ぜ
る。

③ 煮沸消毒したビンに移し、冷
蔵庫で冷ます。

おすすめのパン

ハード系のパン

おすすめのパン

ハード系のパン

いちごジャム

STRAWBERRY JAM

果肉をそのまま ゴロッと

材料（作りやすい量）

いちご（ヘタを取ったもの）
　… 200g

砂糖 … 40g

レモン汁 … 10㎖

① 鍋にすべての材料を入れて軽く混ぜ、10分ほどおく。

② 焦げつかないようにときどき混ぜながら、とろみがつくまで弱火で煮る。

③ 粗熱が取れたら煮沸消毒したビンに移す。

POINT

甘さひかえめのシンプルなジャムは、贅沢にたっぷりトーストにのせていただきましょう！少し傷んでしまったいちごもジャムにすればおいしくいただけます。

ミルクジャム

MILK JAM

材料2つで おいしさ間違いなし

材料（作りやすい量）

牛乳 … 200㎖

砂糖 … 100g

① 鍋にすべての材料を入れ、ときどき混ぜながら半分の量になるまで弱火で煮る。

② 粗熱が取れたら煮沸消毒したビンに移す。

POINT

牛乳と砂糖があればいつでも気軽に作れる素朴な味。フルーツにつけたり、牛乳の代わりに豆乳で作ってもおいしいですよ。

チェリーバニラジャム

CHERRY VANILLA JAM

バニラの香りがふんわり広がる

おすすめのパン

ハード系のパン

材料 (作りやすい量)

A アメリカンチェリー（種を抜いたもの）… 150g
└ 砂糖 … 45g
バニラビーンズ … 1/2本
レモン汁 … 小さじ1

POINT

バニラビーンズが無い場合はバニラエッセンスでもOK。お砂糖ひかえめでもアイスクリームのような甘みが感じられます。

① ボウルにAを入れ、冷蔵庫で一晩寝かせる。

② 鍋に①と種を取ったバニラビーンズのさやを入れ、ときどき混ぜながら弱火で煮る。とろみがついたらレモン汁を加えて混ぜる。

③ 熱いうちに煮沸消毒したビンに移す。

バナナホワイトチョコペースト

BANANA WHITE CHOCOLATE PASTE

とろりと濃厚♡
絶品コンビ

（おすすめのパン）

やわらかい食パン

材料（作りやすい量）

バナナ … 2本（皮をむいて200g）

A 砂糖 … 60g

└ レモン汁 … 小さじ2

ホワイトチョコレート … 45g

POINT

ホワイトチョコを使うことで上品できれいな色
に。パンに塗って輪切りにしたバナナをのせた
り、焼いたアーモンドスライスを散らすアレンジ
もおすすめ。

① 鍋につぶしたバナナとAを入
れ、ときどき混ぜながら弱火
で煮る。

② とろみがついてきたらホワイ
トチョコレートを加え、溶け
切るまで混ぜる。

③ 熱いうちに煮沸消毒したビン
に移す。

柿の生姜ジャム

PERSIMMON GINGER JAM

生姜をしっかり効かせた味

おすすめのパン

ハード系のパン

材料（作りやすい量）

柿 … 1個

生姜 … 1片

砂糖 … 65g

POINT

柿の食感を楽しみたいときは大きめに、なめらかにしたいときは小さめに切ってください。チューブの生姜を使う場合は、火を止めたあとに加えると香りが飛びません。

① 柿は1cm角程度に切り、生姜は粗みじんにする。

② 鍋に①と砂糖を入れ、焦げつかないようにときどき混ぜながら、とろみがつくまで20分ほど弱火で煮る。

③ 粗熱が取れたら煮沸消毒したビンに移す。

豆腐クリーム
TOFU CREAM

(おすすめのパン)

やわらかい食パン

ヘルシー＆優しい味にハマる！

材料 (作りやすい量)

豆腐 … 1丁 (300g)

A スキムミルク … 大さじ2
└ 砂糖 (あればブラウンシュガー) … 大さじ1

① 豆腐を水切りする。キッチンペーパーで豆腐を包み、重しをのせて一晩おく。

② 別のボウルに①とAを入れ、なめらかになるまで混ぜる。

POINT

あんこと一緒にパンにのせれば、たちまち和スイーツに。もちろん豆腐クリームだけでもおいしい！ 豆腐は傷みやすいので当日中に食べ切るようにしてください。

手作りパンでもっとおいしい！

私がパンを手作りするときのレシピをご紹介します。
少し本格的ですが、パンライフがレベルアップしますよ！

わが家の食パン

材料 (1斤分)

中種

A 強力粉 … 175g

　インスタントドライイースト … 3g

　水 … 120㎖

本ごね

B 強力粉 … 75g

　砂糖 … 20g

　スキムミルク … 6g

　塩 … 4g

　水 … 60㎖

バター (常温に戻す) … 15g

バター (型に塗る用) … 適量

必要なもの

○ パン型

○ 発酵器またはレンジの発酵機能

○ スケッパー

○ 清潔な濡れ布巾

○ 麺棒

○ ハケ

① ボウルに A を入れ、ゴムベラで粉っぽさがなくなるまで混ぜる。

② 発酵器などを使い、40度で1時間発酵させる。

③ 別のボウルに B を入れ、ゴムベラで粉っぽさがなくなるまで混ぜる。

④ 台と手に打ち粉（分量外）をし、スケッパーで小さく切った②と③を一緒に20分ほどこねる。まとまってきたらバターを加えて10分ほどこねる。ここで30回くらい台に叩きつける。

⑤ 大きめのボウルに移してラップをかけ、40度で25〜35分発酵させる。

⑥ ラップの上から生地をぽんぽんと叩いて半分くらいの厚さにしたあと、スケッパーで台に取り出す。生地を2等分にし、軽く丸め直し、閉じ目を下にして濡れ布巾をかけて15分おく。

⑦ 生地を成形する。麺棒で15×12cmに伸ばし、中心が1cm重なるように左右からたたむ。奥に向かって生地を巻く（巻き始めはきつめに巻く）。

⑧ 巻き終わりを下にして、ハケでバターを塗った型に並べる。40度で40〜50分発酵させ、生地の高さが型の高さの8割になればOK。

⑨ 200度のオーブンで30分焼いて完成！（途中で上面が焦げそうなときはアルミホイルを乗せる。）

材料

準強力粉 … 230g

ライ麦粉（または全粒粉）… 20g

砂糖 … 4g

塩 … 4g

インスタントドライイースト … 1.5g

ぬるま湯（30度くらい）… 170㎖

米油（またはサラダ油）… 大さじ1〜2

必要なもの

◦ バヌトン
（ボウルにキッチンペーパーを敷いてもOK）

◦ クープナイフ

◦ 清潔な濡れ布巾

① 大きめのボウルにすべての材料を入れ、粉っぽさがなくなるまでゴムベラで混ぜる。

② 発酵器などを使い、40度で10〜15分発酵させる。

③ 生地の表面とゴムベラに打ち粉（分量外）をし、ゴムベラで底からすくって中央に寄せる。

④ 40度で10〜15分発酵させる。

⑤ ③と④をあと2回くり返し、生地が2倍の大きさになったらOK。

⑥ 台と手に打ち粉（分量外）をし、生地を平たくしてガスを抜いてから丸く整え、濡れ布巾をかけて15分おく。

⑦ バヌトンに粉（分量外）を振り、閉じ目を上にして生地を入れる。40度で20〜30分発酵させ、生地が1.8倍の大きさになったらOK。

⑧ クッキングシートの上に閉じ目を下にして生地をおき、クープナイフで十字に切れ目を入れ、切れ目にオイルを垂らす。

⑨ 230度のオーブンで30分焼いて完成！（途中で上面が焦げそうなときはアルミホイルを乗せる。）

もちこ

イラストレーター / マンガ家 / GIF アニメーター
Instagram でイラストを使って提案するパン
のアレンジレシピ「# もちこのパンイチ」が人気
になる。趣味はパン作りと家庭菜園。

Instagram　mochiko_pan1
Twitter　@mochiko_pan1

この本に関わってくれた方々と家
庭料理のおいしさを教えてくれ
た母、いつも支えてくれている夫
と応援してくれる方々に感謝して
います。ありがとうございます。

イラスト	もちこ
装丁・本文デザイン	高橋朱里、菅谷真理子（マルサンカク）
撮影	松永直子、もちこ（P.116〜127）
調理、スタイリング	亀井真希子（エーツー）
調理協力	堀金里沙（エーツー）
DTP	株式会社明昌堂
校正	株式会社麦秋新社
編集	田中悠香（ワニブックス）

パン1枚で毎日ごちそう！
パンイチ RECIPE

著者　もちこ

2021年5月13日　初版発行

発行者　横内正昭
編集人　青柳有紀
発行所　株式会社ワニブックス
　　　　〒150-8482
　　　　東京都渋谷区恵比寿4-4-9　えびす大黒ビル
　　　　電話　03-5449-2711（代表）
　　　　　　　03-5449-2716（編集部）
　　　　ワニブックスHP　http://www.wani.co.jp/
　　　　WANI BOOKOUT　http://www.wanibookout.com/

印刷所　凸版印刷株式会社
製本所　ナショナル製本